CATALOGUE

D'UNE

BELLE COLLECTION

DE TABLEAUX

ANCIENS ET MODERNES,

DONT PLUSIEURS

DE MAITRES DE PREMIER ORDRE,

Des Écoles Française, Espagnole, Flamande et Hollandaise,

DE LIVRES A FIGURES ET SUR LES ARTS,

Et de Catalogues annotés des prix d'adjudication,

ET DE DIVERS

OBJETS D'ART ET DE CURIOSITÉ,

TELS QUE

Ivoires sculptés; Marbres; Bronzes Florentins et autres; Porcelaine d'ancien Sèvres; Porcelaines de Chine et du Japon, montées et non montées; Meubles anciens, et Pendules de Boule; Pendules anciennes en bronze doré; Candelabres et Girandoles en bronze doré; Lustres anciens; Meubles en bois de rose, ancien genre de Riesner; Faïence de Bernard Palissy, et Objets variés,

DONT LA VENTE AURA LIEU

Le vendredi 3 et le samedi 4 avril 1846, heure de midi,

RUE DES JEUNEURS, N. 16,

SALLE N. 2,

Par le ministère de Mᵉ BONNEFONS DE LAVIALLE, Commissaire-Priseur, rue de Choiseul, 11,

Assisté de M. DEFER, Expert, quai Voltaire, n° 19,

Et M. ROUSSEL, Expert, rue St-Georges, 6,

Chez lesquels se distribue le présent Catalogue.

EXPOSITION PUBLIQUE

Le jeudi 2 avril, de midi à cinq heures.

PARIS

IMPRIMERIE ET LITHOGRAPHIE DE MAULDE ET RENOU,
Rue Bailleul, 9 et 11.
1846 3107

Don S. de RICG.

AVERTISSEMENT.

Parmi les tableaux qui font l'objet de ce catalogue, bon nombre proviennent de l'étranger, et sont inconnus du public; ceux que nous y avons joints pour compléter la vacation, se trouvent en grande partie dans les mêmes conditions de nouveauté.

Nous pouvons affirmer, du reste, que c'est là le moindre mérite de cette collection. Pour venir à l'appui de notre affirmation, nous signalerons à messieurs les amateurs et commerçants les maîtres ci-après, qui sont représentés à notre vente, par des ouvrages de la meilleure époque de leur auteur, savoir :

Le Guay, Tobar, Villavicencio, Poelemburg, Clomp, Van der Doës, Van Spaendonck, Vander Meulen, Jean-Baptiste Weeninx, Pitre de Hoog, Ph. Van Dyck et Jean Winantz.

Parmi les livres, un manuscrit in-folio, le catalogue des tableaux, etc., du cabinet de M. le marquis Du Châtel, ouvrage rare et curieux.

Les acquéreurs payeront cinq pour cent en sus des adjudications, applicables aux frais.

ORDRE DE LA VENTE.

Vendredi 3 avril, les objets d'arts et la curiosité.
Samedi 4, les tableaux et les livres.

NOTA. — On suivra, pour les tableaux, l'ordre numérique indiqué au catalogue.

DÉSIGNATION

DES TABLEAUX

ET LIVRES,

QUI SERONT VENDUS LE SAMEDI 4 AVRIL.

---

1 — Cent six catalogues de tableaux, dont une trentaine avec les prix de vente.

2 — Dix-sept catalogues de tableaux avec les prix de vente :

SAVOIR :

Ventes Aguado — 1840 et 1841, Dubois, 1840 et 1843. — Héris, 1841 et 1843. — Delahante. 1838. — Et° Leroy, 1842 et 1844. — Cte Perregaux, 1841. — Perrier, 1843. — Schamps de Gand, 1840. — Sommariva, 1839. — Francken de Lokeren, 1838.—Tardieu, 1841, 1843 et 1844.

3 — Trois volumes in-4°, dépareillés, savoir :

Tableau historique et pittoresque de Paris, 3° volume.

Recueil de portraits inédits, Paris, 1807, 1er volume.

Continuation de l'histoire générale des voyages, Paris, 1770, 19° volume.

4 — La Sainte Bible, de Saci, gravure de Marillier. Paris, 1789, treize premières livraisons.

5 — Histoire des philosophes modernes, avec portrait, par Savairien. Paris, 1760, 4 parties en 1 volume in-4.

6 — Vie et œuvre du Dominiquin, avec gravures au trait, par Landon. Paris, 1803, in-4.

7 — Faits mémorables des empereurs de la Chine. Paris, 1788, 24 gravures par Helman, in-4. Et dans le même volume : Abrégé historique des principaux traits de la vie de Confucius, orné de 24 gravures, aussi par Helman.

8 — Recueil de lettres sur la peinture, la sculpture et l'architecture, par L.-J. Say. Paris, 1817, in-8.

Considérations sur l'état de la peinture en Italie, par Artaud. Paris, 1811, in-8.

Histoire de l'art chez les anciens, par Winckelmann. Paris, 1766, 2 volumes in-8, vignettes. Supplément au catalogue de Rembrandt, par le chevalier de Claussin. Paris, 1828, in-8.

9 — Annales du musée et de l'école moderne des beaux-arts, gravures au trait, publiées par Landon. Paris, 1800 à 1808, 16 vol.

Paysages et tableaux de genre du musée, par Landon. Paris, 1805 à 1808, 3 vol. et salon de 1808, 2 vol.

10 — Catalogue estimatif des tableaux du cabinet

de M. le marquis du Châtel, avec un abrégé de la vie des peintres. Paris, 1744,
in-f°, manuscrit. Et dans le même volume :
Inventaire des tableaux, dessins, estampes
et bronzes compris dans le legs fait à M. le
marquis du Châtel, par M. Crozat, son
oncle, avec les prix d'estimation et ceux
d'achat, par M. Crozat.

TABLEAUX.

11 — Plusieurs bordures dorées.

MANGLAR (Attribué à).

12 — Marine au soleil levant.

VELASQUEZ (Genre de).

13 — Portrait d'une princesse espagnole, tenant
une conque avec du corail et un collier de
perles dans les mains.

MIEL (Jean).

14 — Halte de Muletiers. Ils donnent à boire à
des voyageurs accompagnés de moines et
de capucins.

LACROIX.

15 — Vue de la rade de Naples. Des paysans na-
politains dansent une tarentelle au son de
la mandoline.

DU MÊME.

16 — Éruption du Vésuve, pendant du précédent.

MOUCHERON (Frédéric).

17 — Petit paysage, effet de soleil couchant. Sur

le premier plan un pont en bois, et plus
loin, au pied d'un arbre, une femme assise
causant avec un paysan debout devant elle.

GONZALÈS (Attribué à).

18 — Deux petits portraits sur cuivre représentant un Hollandais de distinction et sa
femme dans de riches costumes.

19 — Deux portraits en pied de Dame et Seigneur
de la cour de Charles IX. Présumé le duc
et la duchesse de Guise.

BACKHUYSEN (Louis). (Attribué à).

20 — Le coup de vent. Un navire assailli par la
tempête, est en danger de faire naufrage
contre des roches; une chaloupe montée
par dix intrépides marins, se dirige sur le
navire pour lui porter secours.
Ce tableau porte le monogramme LB.

LANCRET (Nicolas).

21 — Le petit moulin. Couché sur l'herbe, un
jeune garçon présente un moulin de pa-
pier à sa jeune compagne, qui, les joues
gonflées de son souffle, cherche à le faire
tourner.

CORREGE (D'après).

22 — Sainte Famille : composition de six figures.
Bonne et ancienne copie.

RUTHAERT.

23 — Chasse au buffle. Des chiens, qu'animent des chasseurs, pressent vivement le buffle, qui en a déjà éventré plusieurs.

DANLOUX (Pierre).

24 — Une jeune dame à sa toilette, en chemise, le sein découvert ; elle arrange un ruban placé dans ses cheveux. Les détails de ce tableau et surtout les roses posées sur une table sont peints dans la manière de Greuze.

COURTIN (De l'Académie française).

25 — La Courtisane. Tandis qu'un jeune homme lui exprime timidement son amour, cette charmante sirène, tout en paraissant l'écouter, reçoit adroitement d'un malin petit nègre, le billet d'un autre amant.
Tableau très gracieux.

Cher BREDEL.

26 — Combat de cavalerie. Au pied d'un monument surmonté d'un lion en bronze, de nombreux cavaliers se battent avec acharnement ; dans le lointain, à l'entrée d'une ville, d'autres cavaliers en déroute arrivent au grand galop, pour se soustraire aux coups du vainqueur.

ZORG (Attribué à).

27 — Adoration des bergers.
Très bon tableau de l'école hollandaise, dont le maître nous est inconnu.

BREKELN-KAMP.

28 — Un médecin de campagne vient visiter une jeune femme malade ; il lui tâte le pouls et la regarde attentivement pour découvrir la nature de sa maladie. Cette scène se passe devant une vieille femme placée derrière le médecin et appuyée sur le dossier de la chaise où il est assis. Tout l'intérêt est reporté sur la jeune malade, dont le profil est charmant.

KYMLY (Peintre allemand vers 1788).

29 — Portrait de la femme de Paul 1er.
Elle est décorée du grand cordon, et d'une décoration en brillant avec exergue en caractères grecs.

DU MÊME.

30 — Portrait de Marie-Joséphine de Saxe, dauphine de France. Elle est représentée assise dans un fauteuil, tenant un éventail à la main.

Chev. FAVRAY.

31 — Portrait de madame Dacier. Elle est vêtue de noir et porte un fichu de mousseline blanche, noué autour du cou.

A. GOUBAU. (Signé.)

32 — Foire italienne, composition capitale de la plus belle exécution. Ce tableau au premier aspect est toujours attribué à Lin-

guelbao avec lequel il a beaucoup de rapport.

BOUCHER (François).

33 — Terpsichore, demi-nue et assise sur des nuages, tient dans les mains un tambour de basque. Un petit amour lui apporte des guirlandes de fleurs.

VILLAVICENCIO (Pedro Nunez de).

34 — L'adoration des mages. Les trois rois se présentent devant l'enfant Jésus assis sur les genoux de la Vierge, et se prosternent en lui offrant des présents. Le plus âgé des trois agenouillé devant lui, baise respectueusement le bout de son pied. Très bon tableau qui rappelle les grands maîtres de l'école espagnole. Forme ovale.

TOBAR (Alponse-Michel).

35 — Assomption de la Vierge. Elle monte au ciel supportée par des anges. Tableau capital, digne du pinceau de Murillo, dont Tobar était le meilleur imitateur. Provient de la 2e vente Aguado, no 188 du catalogue où il avait été attribué par erreur à Penalosa. Il fut vendu 1200. fr.

MIGNARD (Pierre).

36 — Saint Michel terrassant le démon. Très belle copie de Raphaël, commandée à Mignard par louis XIV, pour l'oratoire de madame de Maintenon.

LE GUAY (Etienne-Charles.) (Peintre de la manufacture royale de Sèvres),

37 — Vénus sur les eaux. Tableau en forme de frise, admis à l'exposition du Louvre en 1808. Il n'est pas possible de rien voir de plus gracieux. Cet artiste a peint fort peu de tableaux, il a exposé en 1826 un vase de six pieds de circonférence avec 33 figures dont le prix a été fixé à cinquante mille francs ; Charles X en a fait présent à l'époque de son sacre, au duc de Northumberland. (Dictionnaire des artistes de l'école française au dixneuvième siècle, par Ch. Gobet. Paris 1831.)

WINANTZ (Jean).

38 — Sur une grande route, au pied d'une chaîne de montagne, une femme montée sur un âne, fait la conversation avec un voyageur assis par terre, plus loin au autre voyageur vu de dos et suivi de son chien poursuivant sa route ; au pied d'un beau bouquet d'arbres, quatre moutons sont couchés sur l'herbe. Ce paysage quoique traité en esquisse, n'en est pas moins une fort bonne production du maître. Les figures sont dues au pinceau de Linguelbac.

VEENINX (J. B).

39 — Au pied d'un portique antique, un voyageur misérablement vêtu, se repose des fatigues

de la journée, un chien couché à ses côtés,
est attentif à ce que fait son maître, qui
vient de se débarrasser de sa chaussure.
Au loin à travers le portique, on aperçoit
le bord de la mer. Un calme parfait règne
sur cette composition, traitée avec tout le
talent de ce savant artiste.

VANDER-DOES (Jacques).

— 40 — Non loin d'un mausolée, dans une campagne
fertile, deux vaches, deux béliers, deux
moutons et une chèvre avec son petit,
paissent et se reposent sur un terrain garni
de belles plantes grasses. Plus loin une
autre chèvre se dresse, en s'appuyant
contre le mausolée, pour atteindre des
branches de verdure. Ce paysage le plus
parfait du maître, ne laisse rien à désirer
sous le rapport de la conservation.

CLOMP.

—41 — Troupeau de vaches et de brebis au repos,
abrité sous une allée d'arbres à l'entrée
d'un bois, tout le troupeau; à l'exception
d'un taureau, d'une chèvre et d'un bélier,
est couché sur l'herbe, absorbé par la cha-
leur de la journée. Au fond à gauche on
aperçoit une rivière et plus loin le clocher
du village. Clomp dans cette composition
capitale, s'est rapproché des grands maîtres
de l'école hollandaise.

VAN SPAENDONCK (Corneille).

42 — Magnifique bouquet de fleurs, dans un vase en terre cuite avec bas reliefs, sur une table de marbre. Composition de Van-huysen. Ce tableau est une nouvelle preuve du rare talent de notre artiste, lorsqu'il a copié le grand maître.

VANDERMEULEN.

43 — Combat de cavalerie dont les mouvements s'étendent jusqu'aux plans éloignés, mais dont l'action principale se passe près d'un bois et en avant. La confusion d'une pareille scène est si parfaitement rendue, que l'on croit entendre le bruit des armes et les cris des mourants et des blessés. Les riches costumes à la Louis XIV ont donné l'occasion à l'artiste de développer son coloris brillant ; il a su, sans refroidir son pinceau, en soigner les moindres détails ; on voit enfin qu'il a voulu montrer dans cette production toutes les ressources de son savoir et de son talent. Ce tableau provient de la collection Denon auquel catalogue nous empruntons la description.

HOOG (Pitre de).

44 — Dans l'intérieur d'un appartement, on voit une dame assise, tenant un morceau de pain et prenant du beurre, qu'une jeune

fille lui présente : un chien est placé au bas de l'escalier qui conduit à l'entrée de la maison et d'où s'échappe une lumière vive et dorée ; à travers la porte d'entrée on aperçoit l'autre coté de la rue. Bon tableau du maître, d'un effet piquant.

VAN DYCK (Philippe).

15 — La diseuse de bonne aventure. Une jeune dame élégamment vêtue, appuyée sur un balçon orné de bas reliefs, donnant sur un perron, présente la main à une bohémienne qui lui dit sa bonne aventure ; derrière elle, son amant attentif à ce qui se passe, a l'air d'indiquer du doigt, à la bohémienne ce qu'il désire qu'elle prédise; sur le dos de la bohémienne est placé un jeune enfant qui s'amuse avec une fleur des champs. A ses pieds se trouvent un panier renversé, un chien et un bâton. On sait combien les tableaux de Ph. VAN DYCK sont rares; celui-ci provient de la collection de M. Casimir, Périer père, l'ancien ministre.

WINANTZ (Jean).

16 — Un voyageur armé d'une épée, fait boire le cheval sur lequel il est monté, à une pièce d'eau qui occupe la moitié du premier plan, au bas d'une colline conduisant à une forêt; au second plan, un paysan

chargé d'une hotte, est arrêté en face d'une femme assise au bord de la route, et plus loin, sortant de la forêt, est un pâtre faisant marcher devant lui un troupeau de deux vaches et de sept moutons. Plus loin sur la gauche se trouve un pont de bois traversant la pièce d'eau, qui aboutit au premier plan et sur lequel passe un voyageur avec son chien, et dans le lointain à l'extrémité gauche, on aperçoit sur la route un cavalier accompagné d'un piéton. Telle est la composition de ce charmant petit tableau, qui renferme tout ce qui est admirée dans le maître; terrain éboulé, pièce d'eau, forêt, etc., il ne laisse rien non plus à désirer, sous le rapport de la qualité et de la conservation. Les figures aussi sont du meilleur pinceau de Linguelbac.

POELEMBURG (Corneille).

— 47 — Dans une rivière à l'entrée d'une voûte de rochers couronnée de verdure, plusieurs jeunes femmes se livrent au plaisir de la natation; sur la rive opposée à une assez grande distance, on aperçoit un berger avec son troupeau. Ce charmant petit tableau est sous crasse et parfaitement conservé.

MAITRE INCONNU.

48 — Très belle tête d'homme, coiffée d'un chapeau, dans la manière de Rembrandt. Plu-

sieurs personnes l'ont attribuée à Reynolds, d'autres à l'école vénitienne; sans prendre parti pour l'une ou l'autre de ces deux opinions, toujours est-il que le tableau appartient à un maître qui entendait parfaitement le clair-obscur.

PATER (Jean-Baptiste).

49 — Le balcon. Trois dames et un cavalier sont réunis près d'un balcon donnant sur une terrasse, à l'extrémité d'un parc. Joli tableau de ce maître.

LANCRET (Nicolas).

50 — La balançoire. Au milieu d'un parc et entre deux gros arbres, un homme en culotte courte et en manche de chemise fait balancer une jeune dame qui le regarde amoureusement. Sur le premier plan à gauche un groupe de trois figures, derrière lequel un Pierrot joue de la guitare. Cinq autres figures dans des plans plus éloignés.

F. WILLEMS 1845.

51 — La marquise. Une jeune femme, costume Pompadour, est arrêtée près d'une corbeille de roses, son jeste fait supposer qu'elle appelle un galant, pour en cueillir et les lui offrir. Voilà encore un fort joli petit échantillon d'un artiste justement apprécié en Hollande et en Belgique.

B. C. KOEKKOEK.

—52 — Vue des environs de Clèves. Charmant petit
paysage, effet de soleil levant. Le talent
de cet artiste moderne de l'école hollandaise, est trop connu, pour qu'il soit
nécessaire d'en faire l'éloge; nous nous
bornerons à recommander ce joli petit
échantillon, aux amateurs de cette école.

DÉSIGNATION

DES OBJETS D'ART

ET DE CURIOSITÉ,

QUI SERONT VENDUS LE 3 AVRIL.

1 — Très beau groupe en ivoire, représentant la Vierge debout portant l'enfant Jésus; elle est placée sur un croissant et foule aux pieds un serpent.

Cette pièce de sculpture, remarquable et de grande proportion, est supportée par une sphère également en ivoire.

2 — Vénus debout; auprès d'elle l'Amour sur un dauphin. Beau bronze florentin.

3 — Deux petites statues de femmes assises. Bronzes florentins d'une grande finesse; sur socles rocailles en cuivre doré.

4 — Lampe formée par une tête de faune à bouche béante, l'anse figure un dragon ailé, sur trépieds orné de mascarons. Bronze italien du seizième siècle.

5 — Hercule jeune debout, tenant une Victoire dans la main gauche. Belle statuette en bronze italien du seizième siècle.

6 — Une muse debout, tenant un compas et une sphère. Bronze italien ancien.

2

7 — Petite statuette représentant une cantinière. Bronze ancien.

8 — Jolie petite figure d'enfant qui pisse. Bronze italien du seizième siècle.

9 — Buste en marbre blanc de Carrare, représentant la princesse Elisa Bonaparte, sœur de Napoléon, par le célèbre sculpteur Bartolini.

10 — Le gladiateur combattant. Beau bronze moderne.

11 — Mercure debout sur socle en jaune de Sienne. Bronze moderne.

12 — Miniature italienne représentant une femme nue.

13 — Jolie pendule dite à la religieuse en marqueterie de trois parties.

14 — Grand et beau bol en porcelaine du Japon, du décore le plus riche en dedans et en dehors, sur pied en bois sculpté.

15 — Grand bas-relief en bois représentant la cène.

16 — Bas-relief en ivoire, représentant un festin. Composition d'un grand nombre de figures; le cadre en ambre est orné de quatre médaillons avec bas-reliefs en ivoire, d'un travail très fin.

17 — Couvercle de coupe en émail de Limoges. Peinture grisaille représentant la fuite d'Absalon.

18 — Beau cadre à miniature, figurant la double
   aigle d'Autriche, en filigrane d'argent
   très fin, pesant 470 grammes.

19 — Joli plat en faïence, de Bernard Palissy, orné
   de mascarons sur fond d'arabesques à
   jour.

20 — Bras de cheminée formé par une figure
   d'homme en bas-relief. Faïence de Bernard
   Palissy.

21 — Hercule debout armé d'une massue. Bronze
   ancien, sur piédestal en marbre.

22 — Amour debout tenant un arc et une flèche.
   Bronze ancien sur piédestal en marbre.

23 — Jeune satyre couché pressant des raisins, sur
   terrasse avec ceps de vigne. Bronze ancien, sur socle en bois garni de bronzes.

24 — Vase de forme carrée, en ivoire, orné de bas-
   reliefs en cuivre doré, très fins de ciselure.

25 — Cartel rocaille à tirage, en cuivre doré.

26 — Cave à liqueurs garnie de flacons en cristal,
   avec bouchons et gobelets en argent doré.
   La boîte en bois de palissandre.

27 — Petit Christ en bronze sur croix en bois
   noir.

28 — Deux grands seaux en porcelaine de Chine,
   fond vert à décors d'or.

29 — Très beau pied de candélabre italien en
   bronze, du seizième siècle.

30 — Grande figure de faune debout couronné de
   roseaux. Bronze italien du seizième siècle.

31 — Joli petit buste de femme. Bronze florentin.

32 — Grande pendule en marqueterie de Boule, forme cintrée, avec socle, garnie de bronze.

33 — Statue de jardin en terre cuite. Jeune fille portant des fleurs.

34 — Beau diptyque en ivoire colorié, du quatorzième siècle.

35 — Deux grands coffre-forts anciens sur leurs pieds, en bois de rose, garnis en cuivre doré.

36 — Un service en porcelaine de l'Inde, composé de sept douzaines d'assiettes plates; une douzaine d'assiettes creuses; vingt-six plats de formes et de grandeurs variées; quatre compotiers, deux soupières, deux saucières et deux corbeilles; en tout 132 pièces.

37 — Autre petit service en porcelaine de l'Inde, composé de trois douzaines d'assiettes plates, dix-huit assiettes creuses, une soupière, six compotiers, une saucière et un saladier, en tout 63 pièces.

38 — Petit lustre de Boule, ancien, à six branches, en cuivre doré.

39 — Deux grands et beaux candélabres du temps de Louis XVI; à six branches, à rinceaux et feuillages dorés au mat, soutenus par des figures de femmes au vert antique, sur fûts de colonnes en griotte richement montés en bronze doré.

40 — Une paire de grands vases en porcelaine de
Chine bleu-clair, à dessins d'un bleu plus
foncé.

41 — Des lampes, façon Carcel, placées dans des
vases, en ancien craquelé, décorés de fleurs
émaillées en bleu, richement montés en
bronze doré.

42 — Deux candelabres à trois branches, portés
par des enfants d'après Clodion, en bronze
doré, sur fûts de colonnes en porphyre de
Suède.

43 — Pendule du temps de Louis XVI, avec figures
en bronze doré au mat, socle en marbre
blanc.

44 — Très beau groupe de figures en biscuit de
Sèvres, représentant la Modestie couronnée par les Grâces, en présence de Vénus.

45 — Une paire de bras à quatre lumières, en
cuivre doré, du temps de Louis XV. Ils
sont ornés de têtes d'anges.

46 — Une autre paire de bras à quatre branches.

47 — Très beau déjeûné tête à tête en porcelaine,
de vieux Sèvres, richement décoré de fleurs
et d'arabesques. Il est composé d'un plâ-
teau, deux tasses, un sucrier, un pot au
lait et une théière.

48 — Une paire de candelabres à cinq branches,
portée par des enfants, en bronze doré.

49 — Grand lustre flamand, en cuivre poli; il est
d'une forme très élégante.

50 — Beau vase en porcelaine, ancien craquelé de Chine, décoré de dessins bleus.

51 — Une paire de grands vases en porcelaine de Chine, à mandarins et ustensiles divers, émaillés en belles couleurs sur fond blanc.

52 — Deux dessus de portes à sujets d'enfants, dans le genre de Boucher.

53 — Deux belles gaines en marqueterie de Boule, sur écaille noire, ornées de bronzes dorés.

54 — Deux bouteilles en laque aventuriné, à dessins d'or faisant relief.

55 — Pendule ancienne du temps de Louis XVI, avec figures, Vénus et l'Amour en cuivre doré.

56 — Deux girandoles à trois lumières en cuivre doré, du temps de Louis XIV.

57 — Belle pendule du temps de Louis XV, en cuivre, avec éléphant et figures en bronze, sur terrasse rocaille très riche.

58 — Jolie petite pendule du temps de Louis XVI, surmontée d'un trophée, avec carquois et flèches; sur les côtés des cornes d'abondance.

59 — Deux seaux en porcelaine du Japon, avec anciennes montures, en cuivre doré.

60 — Grand et beau secrétaire en bois de rose, du temps de Louis XVI, richement garni de cuivre doré, finement ciselé.

61 — Deux petits vases en porcelaine du Japon bleu empois, à dessins, grisailles, rehaus-

sés de jaune, belle qualité ancienne, monture rocaille en cuivre doré.

62 — Petit vase en porcelaine céladon fleuri, belle et ancienne qualité, monté en bronze doré.

63 — Grande statue en marbre blanc, représentant Sapho assise tenant une lyre.

64 — Beau bureau à X en marqueterie de Boule, sur écaille rouge ; le dessus est marqueté en plein.

65 — Un déjeûné en porcelaine de vieux Sèvres, à rubans bleu-turquoise et fleurs, composé de douze tasses, un sucrier, un pot au lait et une théière.

66 — Grande et belle soupière ovale et son plateau, en porcelaine d'ancien Sèvres blanc uni, à dentelles d'or de la plus belle qualité.

67 — Autre soupière moins grande, avec plateau, à feuilles de chou et bouquets de fleurs.

68 — Jeune fille au bain, charmante figure en biscuit de Sèvres, remarquable par sa finesse et sa conservation.

69 — Deux figures en biscuit de Sèvres. Le petit jardinier et la petite jardinière.

70 — Grande statue en bronze représentant Germanicus debout. Haut. 1 m. 70 c. environ.

71 — Vénus assise tressant ses cheveux, bronze florentin très fin et d'une belle couleur, sur socle en jaune de Sienne.

72 — Beau cabinet en laque de Chine, fermant à deux ventaux, garni à l'intérieur de petits tiroirs.

73 — Deux tablettes de guéridons en mosaïque, d'échantillons de marbres d'Italie.

74 — Grande statue en fonte de fer, Antinoüs.

75 — Trois bas-reliefs en albâtre en partie coloriés, travail du XVᵉ siècle.

76 — Tablette de guéridon, mosaïque sur marbre blanc.

77 — Jolie statue équestre de Marc-Aurèle, bronze italien du XVIᵉ siècle, socle en marbre, Portor.

78 — Le buste du roi de Rome, en bronze.

79 — Petite pendule en granit rose, garnie de bronze.

80 — Petite statue en marbre blanc représentant l'Amérique.

81 — Le Laocoon, beau groupe en bronze, sur piédestal en cuivre doré.

82 — Deux grands candelabres à trois branches, à feuillages et rinceaux, d'ornements en bronze doré du temps de Louis XVI.

83 — Grand bassin en biscuit de Wedgwood, couleur nankin, décoré de fleurs émaillées.

84 — Bronze d'après l'antique, Hercule et Anté, socle en jaune de Sienne.

85 — Deux vases en granit des Vosges.

86 — Deux petites figures en bronze du temps de Louis XV.

87 — Beau christ italien en bronze doré, sur croix en bois noir.

88 — Marteau Porte en bronze italien, du XVIᵉ siècle.

89 — Statue de Mars, bronze ancien.

90 — Très belle corbeille chinoise en ivoire, découpée à jour, avec bas-relief, travail très délicat.

91 — Christ en bronze par Jean de Bologne sur
croix en ébène dont le pied est enrichi de
mosaïque de Florence. Cette pièce est
des plus remarquables.

92 — Grand et magnifique vase en bronze, orné
d'un bas relief à figures de haut relief,
représentant le triomphe d'Amphitryte,
l'anse et le pied sont ornés de dauphins.
Travail italien du dixseptième siècle.

93 — Groupe de deux figures, Apollon et Daphné,
bronze italien d'une grande finesse de
modelé.

94 — L'enfant Jésus tenant une sphère surmontée d'une croix, Bronze italien, sur
socle en bois peint orné de guirlandes,
sculpté et doré.

95 — Le petit Saint Jean, auprès de lui son
agneau. Bronze italien faisant pendant
du précédent.

96 — Petite statue équestre de Marc-Aurèle,
bronze florentin très léger, doré en ver-
nis, socle en bois peint.

97 — Le tireur d'épine, bronze italien du XVIe
siècle, sur fût de colonne en serpentine.

98 — Buste d'empereur romain, bronze italien
du XVIe siècle.

99 — Deux petites statues en bronze ancien.

100 — Deux petites figurines. Amour tenant un
bouquet de fleurs et une flèche, sur fûts
de colonnes.

101 — Hercule étouffant un lion, bronze italien sur fût de colonne en serpentine.

—102 — Jeune garçon armé d'une lance sur un cheval au galop, bronze italien, socle en ébène.

103 — Lampe à deux becs, surmontée d'une figurine, bronze moulé d'après l'antique; et une autre lampe ayant la forme d'un animal chimérique.

104 — Beau coffre en ébène sculpté de travail italien, il offre au pourtour des bas-reliefs très fins, représentant Neptune et Galatée, des dauphins et des tritons; le couvercle est surmonté d'une figurine de triton portant une coquille.

105 — Coffre en noyer sculpté et doré, de travail italien.

106 — Autre coffre en noyer sculpté orné de bas-relief à figures de haut relief.

107 — Grande figure en ivoire, représentant une femme voilée dont on aperçoit tous les traits au travers de son voile. Cette pièce de sculpture, unique dans son genre, est des plus remarquables; sur socle plaqué en écaille.

108 — Beau bas-relief en marbre, représentant la Vierge et l'enfant Jésus, par Donatello. Ouvrage d'une grande beauté.

109 — Très joli cadre en bois de noyer sculpté, de travail italien, représentant Bacchus en-

dormi, des satyres et des bacchantes, entourés de branches de vigne. Cet objet est d'une grande finesse.

110 — Autre cadre moins grand représentant des fleurs. Il renferme une miniature représentant un Amour endormi.

111 — Bonbonnière en argent doré, avec plaques en caillou d'Egypte et mosaïque en relief sur le couvercle.

112 — Deux petits bas-reliefs en bronze, sujets mythologiques, cadres dorés.

113 — Bas-relief en bronze italien du seizième siècle, représentant une madone. Et un autre petit bas-relief.

114 — Poignard italien dont la lame est découpée à jour, la poignée et la garde en fer ciselé.

115 — Presse-papier en mosaïque de Florence, représentant un bouquet de fleurs.

Imp. Maulde et Renou, r. Bailleul, 9-11.

www.ingramcontent.com/pod-product-compliance
Lightning Source LLC
LaVergne TN
LVHW010510060726
842527LV00005B/1983